ORGANISATION SOCIALE

DU

TRAVAIL.

PAR **LE PELLETIER.**

A tous le nécessaire; à chacun le superflu suivant son capital ou sa capacité.

DÉPOT GÉNÉRAL,

A l'Imprimerie, rue Jean-Jacques-Rousseau, 26.

PARIS. — 1848.

Belleville. — Typ. de GALBAN.

114

ORGANISATION SOCIALE

DU

TRAVAIL.

PAR LE PELLETIER.

Il ne faut pas confondre le Socialisme (*association*), avec le Communisme (*communauté*).

Le Socialisme sera le plus fort rempart de la religion, de la famille et de la propriété, contre les attaques du Communisme.

DÉPOT GÉNÉRAL

A L'IMPRIMERIE, RUE JEAN-JACQUES ROUSSEAU, 26.

PARIS.—1848.

DU TRAVAIL.

La fixité des salaires et des intérêts industriels est immorale en principe, anti-sociale en pratique et abusive en fait :

Elle est immorale, en ce que, naturellement, elle n'a pas d'autre but que l'exploitation du travail au profit de la gérance et du capital ; quand encore elle ne tente pas subrepticement d'exploiter à la fois le capital et le travail au profit de la seule gérance.

Elle est anti-sociale, en ce qu'elle perpétue la division et la haine des castes, par l'opposition d'intérêts qu'elle entretient entre elles.

Elle est abusive, en ce qu'elle facilite la concurrence effrénée, quelquefois frauduleuse, dont les trafics désastreux ruinent l'industrie : car nul fabricant ou marchand ne peut faire état de céder ses marchandises à vil prix, sans déprécier en même temps celles de tous ses concurrents.

Il est donc urgent de donner au travail une organisation nouvelle qui mette un terme à l'anarchie commerciale et qui sauvegarde des intérêts et des droits trop longtemps lésés ou méconnus. C'est à ce titre que le système de l'*Organisation sociale du travail* se recommande à l'attention des citoyens de toutes les opinions.

ORGANISATION SOCIALE

DU TRAVAIL.

Il ne faut pas confondre le Socialisme (*associa-tion*), avec le Communisme (*communauté*).

Le Socialisme sera le plus fort rempart de la religion, de la famille et de la propriété, contre les attaques du Communisme.

§ I. Suffrage universel.

C'est un point incontesté aujourd'hui que le suffrage universel est la base régulière de toute société.

Le suffrage universel sera applicable à trois modes d'élections, savoir :

Le vote général, pratiqué par tous les citoyens. Il servira à constituer les Assemblées législatives et généralement tout ce qui se rattache à la délégation du pouvoir souverain.

Le vote collectif, pratiqué dans une corporation quelconque : administrative, judiciaire ou militaire ; ecclésiastique, savante ou artistique ; agricole, manufacturière ou industrielle, par tous les citoyens qui en sont membres. Il servira à constituer à cette corporation un Conseil général.

Le vote spécial, pratiqué dans une association quelconque : agricole, manufacturière ou industrielle, par tous les citoyens qui en font partie. Il servira à constituer à cette association un Conseil privé.

§ II. Conseils de corporations et d'associations.

Le nombre des Conseils généraux sera nécessairement en rapport avec la population et l'étendue territoriale d'un État. Ils relèveront tous d'un Conseil suprême élu par le suffrage universel, et qui imprimera à leurs travaux l'unité de direction qui est indispensable à une administration régulière. Leurs fonctions seront triennales. Leurs attributions seront d'étudier et de résoudre les questions qui intéresseront la corporation à laquelle ils appartiendront, de juger les causes qui seront de leur ressort et de procéder à des examens et à des concours qui auront pour objet de constater le degré de capacité qu'un citoyen aura acquis dans l'exercice de sa profession et l'avancement auquel il aura droit. La composition de leur personnel devra résumer, dans toute leur étendue, les connaissances théoriques et pratiques nécessaires à toutes les branches de la corporation soumise à leur juridiction.

Les Conseils privés relèveront des Conseils généraux. La durée de leurs fonctions sera subordonnée aux clauses du contrat de l'association à laquelle ils présideront. Leurs attributions seront de donner à l'exploitation commune la direction la plus favorable à sa prospérité, d'en étendre ou d'en restreindre le personnel et les opérations, et de déterminer la part afférente, dans les profits comme dans les pertes, à chaque sociétaire, proportionnellement à sa mise de fonds ou à sa capacité. La composition de leur personnel devra résumer, dans des proportions égales, les droits du capital, de la gérance et du travail, et attribuer à chacun de ces trois moteurs indispensables de toute industrie un nombre égal de voix, afin qu'ils se tiennent réciproquement en échec et que nul n'usurpe sur les autres une prépondérance qui pourrait leur être préjudiciable. Pour obtenir ce résultat, les capitalistes d'un côté, et les travailleurs de l'autre, éliront entre eux un nombre de délégués égal pour le capital, égal pour le travail, à celui des gérants de l'exploitation commune. Chacun de ces délégués aura voix délibérative comme les gérants et avec eux.

§ III. Intérêts et Salaires proportionnels.

Il sera facultatif à un citoyen de se livrer seul et individuellement à une industrie quelconque : agricole, manufacturière ou industrielle ; mais il lui sera interdit d'y attacher d'autres citoyens : commanditaires, commis ou ouvriers, moyennant un intérêt ou un salaire fixe (1) ; ils y seront de droit et de fait associés, participant dans les profits comme dans les pertes, proportionnellement à leur mise de fonds ou à leur capacité.

Pour les gérants (chefs et sous-chefs) et les travailleurs (commis et ouvriers), cette association portera uniquement sur les produits de l'établissement et non pas sur le fonds qui res-

(1) La fixité des salaires ne doit subsister que pour les trois catégories ci-après :

Les fonctions, qui sont d'utilité publique ;

Les emplois, qui sont d'utilité privée ;

Les services, qui sont d'utilité domestique.

Les fonctionnaires : administrateurs, juges et militaires ; ecclésiastiques, savants et artistes, forment naturellement plusieurs corporations distinctes ; et comme, dans chacune de ces corporations, la hiérarchie des fonctions et le chiffre des honoraires sont réglés par des lois et ordonnances, les examens de capacité, qui ont lieu pour l'industrie, pourront être remplacés par des concours, afin que l'avancement n'y soit que le prix du mérite et du talent.

Les employés : copistes, expéditionnaires, comptables, etc., formeront plusieurs corporations distinctes et chacune de ces corporations aura, comme les corporations industrielles, son règlement, ses examens et son Conseil général qui fixera invariablement, pour chaque genre d'emploi, des appointements proportionnés au degré d'intelligence qu'il exige.

Les serviteurs : cuisiniers, concierges, officieux, etc., formeront également plusieurs corporations et chacune de ces corporations aura, comme les précédentes, son règlement, ses examens et son Conseil général qui fixera invariablement, pour chaque genre de service, des gages proportionnés au degré d'aptitude qu'il exige.

tera, à moins de stipulation contraire, la propriété exclusive des capitalistes (commanditaires).

Le nombre des citoyens autorisés à s'associer sera illimité.

§ IV. Association du capital, de la gérance et du travail.

Trois grandes catégories de travaux sont susceptibles d'être exploitées par association ; ce sont : l'agriculture, la manufacture ou fabrique, et l'industrie ou commerce.

Une exploitation quelconque a trois éléments distincts et dont les intérêts ne devront jamais être confondus ensemble ; ce sont : le capital, la gérance et le travail.

Le capital n'aura droit à aucun intérêt fixe ; il entrera sans privilége, avec la gérance et le travail et comme eux, en participation dans les profits comme dans les pertes d'une entreprise, proportionnellement à son chiffre. Il sera représenté par des actions au porteur, donnant droit à un dividende d'intérêt variable et proportionnel, et remboursables à l'époque fixée pour la liquidation générale de la société qui les aura émises. Ces actions seront hypothéquées tant sur l'actif social que sur un fonds d'amortissement qui devra figurer au bilan de toute exploitation.

Il procédera : soit de l'Etat, à titre d'avance de premier établissement qui pourrait être accordée au concours à des capacités du premier degré, soit d'un ou de plusieurs des gérants et travailleurs co-associés, soit d'un ou de plusieurs capitalistes ne prenant à l'entreprise qu'une part indirecte et non salariée, soit enfin à la fois des uns et des autres.

L'Etat reprendrait ses avances par annuités et sur le fonds d'amortissement. Il toucherait, en outre, comme tout autre capitaliste, son dividende proportionnel dans les bénéfices sociaux. En cas de sinistre, il n'exercerait ses reprises sur l'actif social qu'à titre de simple capitaliste et sans privilége. Ses intérêts seraient représentés, devant le Conseil privé d'une association, par un commissaire spécial qui n'y aurait pas, de droit, voix délibérative ; mais qui pourrait l'avoir, comme les autres, par élection.

Les autres capitalistes, qu'ils soient ou non gérants ou travailleurs, reprendront leur capital, à l'époque déterminée pour la liquidation générale de la société, tant sur le fonds d'amortissement que sur l'actif social. Il leur serait néanmoins facultatif, nonobstant toute clause ou stipulation contraire, d'en retirer soit individuellement, soit collectivement, partie ou totalité, dès l'instant que leur dividende serait descendu au-dessous de moitié de la moyenne d'intérêt légal (5 p. 100) à laquelle ils ont droit ; à défaut de fonds suffisants pour opérer ce remboursement, ils pourraient même exiger la mise en liquidation immédiate de la société. Ils auront voix délibérative, en la personne de leurs délégués, dans le Conseil privé de l'association. Pour les délégués des capitalistes, qui seraient en même temps gérants ou travailleurs, cette voix ne se confondra pas avec celle qui leur appartiendrait également à titre de gérants, ou qui pourrait leur appartenir à titre de délégués des travailleurs non capitalistes.

La gérance et le travail n'auront droit à aucun salaire fixe ; ils entreront sans privilége, avec le capital et comme lui, en participation dans les profits comme dans les pertes d'une entreprise, proportionnellement à un chiffre dont le degré des capacités respectives représentera l'apport. Ce chiffre, légalement constaté par des examens que chaque citoyen sera admis à passer devant le Conseil général de sa corporation, constituera à celui qui en sera titulaire une sorte de capital imprescriptible qu'il portera toujours en lui et avec lui, qu'il sera supposé avoir versé dans l'association où il aura apporté son industrie et qui s'accroîtra à mesure que le degré de sa capacité s'élèvera. Il sera représenté par des diplômes nominatifs, donnant droit à un dividende de salaire variable et proportionnel, et délivrés, dans chaque corporation, à tous les citoyens qui en feront partie, par son Conseil général.

Il serait facultatif aux gérants et aux travailleurs, nonobstant toute clause ou stipulation contraire, de se retirer de l'association dont ils seraient membres, soit individuellement, soit collectivement, dès l'instant que leur dividende serait descendu au-dessous de moitié de la moyenne de salaire légal (5 p. 100) à laquelle ils ont droit; mais ils n'auraient pas le droit d'en exiger la mise en liquidation. Les gérants auront tous voix délibérative dans le Conseil privé de l'association; les travailleurs l'auront également, en la personne de leurs délégués.

§ V. Degrés de capacité.

Les degrés de capacité, dans une corporation agricole, manufacturière ou industrielle, seront échelonnés au nombre de sept. Les trois premiers donneront, avec des dividendes différents comme la capacité, le titre de gérant (chef ou sous-chef d'exploitation), avec voix délibérative, de droit, dans le Conseil privé d'une association; les trois suivants, celui de travailleur (commis ou ouvrier), le dernier, celui d'aide (élève ou apprenti). Trois années au moins d'exercice, dans tel degré que ce soit, seront obligatoires avant d'être admis à passer au degré supérieur.

Le numéro d'ordre correspondant à chaque degré de capacité indiquera irrévocablement, d'après un tarif arrêté spécialement pour chaque corporation par son Conseil général, une moyenne de salaire à laquelle celui qui en sera titulaire devra, nonobstant toute clause ou stipulation contraire, être reconnu comme ayant droit dans l'association dont il sera membre. Cette évaluation, purement fictive du reste, car elle ne constituera pas un salaire fixe et invariable, mais seulement un droit de participation proportionnelle à des bénéfices éventuels, servira à baser, au taux de 100 p. 5, l'estimation d'un capital que le titulaire sera supposé avoir versé dans l'exploitation commune, en y apportant son industrie; et ce sera le dividende de ce capital fictif, continuellement variable suivant les chances de l'exploitation, qui constituera seul le salaire réel et définitif de tout gérant ou travailleur sociétaire.

§ VI. Exemples.

Voici deux exemples pour servir de démonstration au système de l'organisation sociale du travail.

Supposons une grande exploitation quelconque : agricole, manufacturière ou industrielle :

Le capital versé, soit par un seul, soit par plusieurs, pour subvenir à l'aménagement du terrain, usine ou fonds social, aux frais généraux d'outillage, à la prise ou achat de brevets, s'il y a lieu, à l'acquisition des matières premières de toute espèce, aux avances de salaire à faire aux gérants et aux travailleurs, au crédit à accorder, est de. . fr. 200,000

La gérance se compose de :

Une capacité du premier degré, ayant droit à une moyenne de salaire légal que nous évaluons par an à 7,000 fr., dont le capital, à 100 p. 5, est. 140,000

Deux capacités du deuxième degré, à 6,000 fr. ensemble. 240,000

Trois capacités du troisième degré, à 5,000 fr.   300,000

Le travail se compose de :

Six capacités du quatrième degré, à 4,000 fr.   480,000

Douze capacités du cinquième degré, à 3,000 fr.   720,000

Dix-huit capacités du sixième degré, à 2,000 fr.   720,000

Vingt-quatre capacités du septième degré, à 1,000 fr. 480,000

Le chiffre du fonds d'amortissement destiné à faire face aux dépenses extraordinaires, telles que : amélioration du terrain, usine ou fond social, compensation de pertes considérables, remboursement du capital, sera égal à celui du capital lui-même. 200,000

Total du capital social, fr. **3,480,000**

Admettons maintenant que les bénéfices de l'exploitation, défalcation faite du paiement des loyers et de l'achat des matières premières de toute espèce, se soient élevés, pendant une année, à 348,000 fr. La répartition de cette somme sur 3,480,000 fr. donne un dividende de 10 p. 100, c'est-à-dire du double du taux de l'intérêt légal qui n'est que de 5 p. 100. En conséquence, le capital touche, pour cette année, 10 p. 100 d'intérêts, au lieu de 5 p. 100 ; la capacité du premier degré, 14,000 fr., au lieu de 7,000 ; celle du deuxième degré, 12,000 fr., au lieu de 6,000 ; et ainsi de suite jusqu'à la septième, qui touche 2,000 fr., au lieu de 1,000 ; quant au fonds d'amortissement, il s'accroît de 20,000 fr.

Mais si l'année suivante est mauvaise, et si le bénéfice ne s'est élevé, par exemple, qu'à 87,000 fr., dont la répartition ne donne qu'un dividende de 2 1/2 p. 100, c'est-à-dire de la moitié seulement du taux légal : la même proportion s'établit en sens inverse, et le capital ne touche, pour cette année, que 2 1/2 p. 100 ; la capacité du premier degré, que 3,500 fr.; celle du deuxième degré, que 3,000 fr. ; et ainsi de suite jusqu'à la septième, qui ne touche que 500 fr.; quant au fonds d'amortissement, il ne s'accroît que de 5,000 fr.

Supposons une petite exploitation :

Le **fonds**, avec son capital de roulement, appartenant à un seul citoyen qui en est à la fois le propriétaire et le chef, représente. . . . . fr. 20,000

Le **gérant** (chef) propriétaire du fonds, représente une capacité du troisième degré, évaluée par an à 5,000 fr., dont le capital, à 100 p. 5, est. . . 100,000

Le **travailleur** (commis ou ouvrier) représente une capacité du cinquième degré, à 3,000 fr. . . 60,000

L'**aide** (élève ou apprenti) représente une capacité du septième degré, à 1,000 fr. 20,000

Le **fonds d'amortissement** destiné à faire face aux dépenses extraordinaires, roule sur 20,000

Total du capital social, fr. 220,000

Admettons que les bénéfices de l'exploitation, défalcation faite du paiement des loyers et de l'achat des marchandises ou matières premières de toute espèce, se soient élevés, pendant une année, à 22,000 fr., dont la répartition sur 220,000 fr. donne un dividende de 10 p. 100 :

Le chef touche pour cette année :

Intérêt de capital	2,000	
Fonds d'amortissement.	2,000	fr. 14,000
A titre de gérant.	10,000	

Le commis ou ouvrier.	6,000
L'élève ou apprenti.	2,000
Somme égale, fr.	22,000

Mais si l'année suivante est mauvaise, et si le bénéfice ne s'est élevé, par exemple, qu'à 5,500 fr., dont la répartition ne donne qu'un dividende de 2 1/2 p. 100 :

Le chef ne touche, pour cette année, que :

Intérêt de capital.	500	
Fonds d'amortissement. . . .	500	fr. 3,500
A titre de gérant.	2,500	

Le commis ou ouvrier	1,500
L'élève ou apprenti	500
(1) Somme égale, fr.	5,500

§ VII. Dispositions réglementaires.

L'insubordination et la paresse sont deux vices sociaux qui seront prévus et réprimés par le réglement dressé pour chaque corporation par son Conseil général. Elles pourraient

---

(1) Il est facile de voir que la combinaison des divers degrés de capacité, telle qu'elle est présentée ici, est purement conventionnelle ainsi que les chiffres qui viennent à l'appui ; et que, sauf quelques modifications, le système de l'organisation sociale du travail est applicable, sur la plus petite comme sur la plus grande échelle, à toute espèce d'exploitation.

même, dans certains cas, motiver l'exclusion d'un sociétaire-gérant ou travailleur. Les exclusions, comme les admissions, seront prononcées en Conseil privé, à la majorité des voix. Tout sociétaire exclu aura le droit d'en appeler au Conseil général de sa corporation.

Le reproche d'incapacité (1) ou le manque momentané de travail ne sera pas un motif suffisant d'exclusion contre un sociétaire.

Les actions de capital étant au porteur et leur possession valant titre, et la mort ou la retraite d'un ou de plusieurs sociétaires-gérants ou travailleurs se compensant, au besoin, par de nouvelles admissions, une association, à moins qu'elle n'ait cessé de donner des dividendes suffisants à ses actionnaires ou de faire honneur à ses engagements, ne pourra avoir d'autre terme que celui qui aura été fixé pour sa liquidation générale par son contrat constitutif.

L'inventaire général et la répartition proportionnelle, entre les co-associés (capitalistes, gérants et travailleurs), des profits et des pertes auront lieu tous les trois mois. Les paiements effectués pendant cet intervalle à la semaine, à la quinzaine ou au mois, aux gérants et aux travailleurs, ne seront donc qu'une avance sur leur dividende futur; ces avances ne devront pas dépasser la moitié de leur salaire légal. Si, après inventaire, il était reconnu que le dividende des salaires et des intérêts se trouvât inférieur à la moitié du taux légal, il serait facultatif : à chaque gérant ou travailleur individuellement, soit de rester dans l'association en restituant l'excédant qu'il aurait reçu, soit d'en sortir immédiatement en le gardant; et à chaque capitaliste, d'exiger son remboursement ou, à défaut de fonds suffisants, la mise en liquidation immédiate de la société.

----

(1) Dans une association libre et volontaire, où les citoyens ne pourraient pas produire de diplôme légal du degré de leur capacité, l'épreuve devrait en être faite, avant leur admission.

L'avancement d'un degré de capacité, à la suite d'un examen triennal, donnera immédiatement, à un sociétaire-gérant ou travailleur, droit, nonobstant toute clause ou stipulation contraire, à une augmentation équivalente de son dividende dans les bénéfices sociaux. Ainsi, celui qui serait entré dans une association comme aide du dernier degré participant au minimum, pourra, dix-huit ans après, s'il a de l'intelligence, atteindre au premier participant au maximum; et de plus, il sera admis à concourir, devant le Conseil général de sa corporation, pour les capitaux de premier établissement qui seraient avancés, à titre de prime d'encouragement, par l'Etat, à des capacités reconnues du premier degré dans toutes les branches de l'agriculture, de la manufacture et de l'industrie.

En cas de cession ou de liquidation de l'exploitation sociale, l'actif, y compris le fonds d'amortissement, sera employé d'abord à l'extinction des dettes de la société envers des tiers, puis au remboursement des actions de capital. L'excédant, comme la perte, s'il y en avait, se répartira entre ces dernières. Mais quand même il arriverait que la société fût déclarée collectivement en état de faillite, sur la réquisition des tiers porteurs de créances qu'elle ne pourrait pas payer, nul sociétaire ne serait tenu : soit de rapporter individuellement à la masse les sommes qu'il aurait régulièrement touchées, à titre de dividende après inventaire trimestriel ou d'avance sur le courant de son salaire légal, soit de suppléer au déficit sur les biens qui lui seraient personnels.

Les capitalistes, propriétaires de la totalité de l'actif d'une exploitation, pourront ne passer, avec les gérants et les travailleurs dont ils auront besoin, que des contrats d'association temporaire, et par conséquent rester maîtres, non pas de la direction qui, en tout état de cause, devra toujours être complètement sociale, mais du fonds qui ne cessera pas de leur appartenir exclusivement et dont ils se réserveront le droit de disposer à leur gré et sans autre limite que celle des engagements qu'ils auront contractés.

Quant aux travailleurs non sociétaires que la gérance aurait besoin d'engager passagèrement et sans contrat, pour suppléer momentanément à l'insuffisance des sociétaires, il ne pourra leur être offert aucun salaire fixe, et le prix de leurs journées de travail qui leur seront payées immédiatement et intégralement, devra toujours être basé sur le dividende, quel qu'il soit, attribué par l'inventaire précédent au degré de leur capacité. Dans le cas où leur emploi par la société se prolongerait au-delà de trois mois consécutifs, ils en deviendraient de droit membres votants et délibérants pour tout le temps pendant lequel leurs services continueraient à y être utilisés.

§ VIII. Impossibilité de la faillite.

Les grandes associations étant susceptibles d'opérer, entre leur nombreux personnel, une meilleure distribution du travail dont elles spécialiseront les diverses branches, et de réaliser des économies considérables sur les frais généraux de loyer et d'outillage, de direction et de production, il est évident que presque toutes les branches d'industrie tendront d'elles-mêmes à une centralisation rapide.

En effet, quel citoyen voudrait fonder ou soutenir une exploitation placée dans des conditions ruineuses, s'il est sûr : soit de trouver dans une association quelconque, indépendamment des avantages qu'une meilleure organisation comporte, des dividendes proportionnels à son capital et à sa capacité ; soit d'obtenir, à défaut de capital et de travail, l'assistance immédiate qu'il est du devoir de l'Etat de réserver à tous les citoyens qui en ont besoin ?

Et d'ailleurs, quand même un chef d'exploitation serait disposé à ne tenir aucun compte de ces considérations et à pousser son entreprise au-delà des limites marquées par la loyauté ou par la prudence, *il ne le pourrait pas;* car les capitalistes et les travailleurs, ses co-associés et co-intéressés indispensables et inévitables, ne le lui permettraient pas. La concurrence effrénée, la fraude et la faillite tranchées, pour ainsi dire, dans leur racine, deviendraient, en un mot, matériellement *impossibles*.

§ IX. Organisation sociale du travail.

Quoique l'application immédiate du principe de l'association soit susceptible de produire de notables améliorations partielles, il ne faut pourtant pas se dissimuler que des associations isolées, fussent-elles nombreuses et parfaitement organisées, seront néanmoins impuissantes pour arrêter les effets désastreux de l'anarchie commerciale, et pour préserver l'industrie agonisante de sa ruine, en portant aux trafics scandaleux de la concurrence folle ou frauduleuse le coup mortel et décisif qu'une loi qui rendrait l'organisation sociale du travail obligatoire pour tous peut seule lui donner.

Si ce système était admis par les pouvoirs législatifs, voici la marche qu'il faudrait suivre (1) :

Chaque corporation s'assemblerait d'abord pour constituer, par élections, son Conseil général.

Les Conseils généraux procéderaient immédiatement à un premier examen général qui aurait pour objet de classer les citoyens, dans chaque corporation, par degrés de capacité relative, et de leur en délivrer les diplômes nominatifs. Ils fixeraient ensuite la moyenne de salaire légal à attribuer à chaque degré, proportionnellement au plus ou au moins d'étude et d'aptitude spéciales qu'il exigerait. Ils rédigeraient enfin les réglements généraux des corporations soumises à leur juridiction.

Les chefs des établissements existants, dont l'exploitation serait florissante, grouperaient autour d'eux le nombre d'asso-

---

(1) Les citoyens qui voudront en prendre l'initiative de suite, arrêteront de gré à gré entre eux les évaluations de matériel, de capacité, de moyenne de salaire et les dispositions réglementaires qui sont indiquées ici, comme étant du ressort des Conseils généraux de corporation.

ciés-capitalistes, gérants et travailleurs dont ils auraient besoin. Les chefs d'établissements en souffrance se réuniraient
soit aux premiers, soit entre eux.

Les uns et les autres, en échange de leur apport, tant en
numéraire qu'en **achalandages, brevets, outillages** et marchandises expertisés sous le contrôle direct du Conseil général de leur
corporation, recevraient un nombre équivalent d'actions de
capital hypothéquées sur l'actif social de l'association dont
ils deviendraient fondateurs ou membres adjoints.

Indépendamment du dividende d'intérêt proportionnel auquel ces actions lui donneraient droit, à titre de capitaliste,
chacun d'eux, en échange de ses services, pourrait toucher, à
titre de gérant ou de travailleur non actionnaire, un dividende de salaire proportionnel au degré de sa capacité légalement constatée.

Quant aux citoyens qui manqueraient momentanément
d'emploi et de ressources, ce serait, ainsi qu'il a été dit plus
haut, pour l'Etat, une obligation de leur réserver une assistance
dont la nature et les conditions ne sont pas susceptibles d'être
développées dans le cadre réservé à cette première publication.